Falk van Helsing

JURISTEN SPRECH

Falk van Helsing

JURISTEN SPRECH

riva

Bibliografische Information der Deutschen Nationalbibliothek
Die Deutsche Nationalbibliothek verzeichnet diese Publikation in der Deutschen Nationalbibliografie. Detaillierte bibliografische Daten sind im Internet über http://dnb.d-nb.de abrufbar.

Für Fragen und Anregungen:
info@rivaverlag.de

1. Auflage 2017
© 2017 by riva Verlag, ein Imprint der Münchner Verlagsgruppe GmbH
Nymphenburger Straße 86
D-80636 München
Tel.: 089 651285-0
Fax: 089 652096

Alle Rechte, insbesondere das Recht der Vervielfältigung und Verbreitung sowie der Übersetzung, vorbehalten. Kein Teil des Werkes darf in irgendeiner Form (durch Fotokopie, Mikrofilm oder ein anderes Verfahren) ohne schriftliche Genehmigung des Verlages reproduziert oder unter Verwendung elektronischer Systeme gespeichert, verarbeitet, vervielfältigt oder verbreitet werden.

Umschlaggestaltung: Manuela Amode
Umschlagabbildung: shutterstock/Claudia Pylinskaya
Innenabbildungen: shutterstock/MYP Studio: S. 5, 10, 32, 44, 70, 84, 100; shutterstock/Tanya_Knyazeva: S. 13, 21, 28, 73, 87, 90, 109; shutterstock/Cartoon Resource: S. 9, 16, 27, 50, 57, 61, 67, 81, 89, 94, 97, 108; istockphoto/yannp: S. 22, 62; istockphoto/andrewgenn: S. 38
Layout und Satz: Digital-Design, Eka Rost nach einer Vorlage von Pamela Machleidt
Druck: Graspo CZ, Tschechische Republik
Printed in the EU

ISBN Print 978-3-7423-0100-0
ISBN E-Book (PDF) 978-3-95971-512-6
ISBN E-Book (EPUB, Mobi) 978-3-95971-511-9

Weitere Informationen zum Verlag finden Sie unter

www.rivaverlag.de
Beachten Sie auch unsere weiteren Verlage unter www.m-vg.de

Inhalt

1. **Ich spreche Jura, nicht Deutsch** 11
   - a) Scheußlich komisches Juraspresch 12
   - b) Die Tücken des Juristenkauderwelschs 13
   - c) Die Vorzüge der Unverständlichkeit 19

2. **Das Rindfleischetikettierungsüberwachungsaufgabenübertragungsgesetz** 23
   - a) Wortungeheuer greifen an 24
   - b) Paragrafen 26
   - c) Kuriose Definitionen 28

3. **Gebt ihm ein faires Gerichtsverfahren und hängt ihn dann auf** 33
   - a) Das Casting 34
   - b) Der Spielverlauf 37
   - c) Endstation Hotel mit Gitterblick 40

4. **Hemmungen kennt der Jurist nur bei der Verjährung** 45
   - a) Zuvielrecht übersetzt 46
   - b) Ehesex im Jurasprech 52
   - c) Zivilverfahren nicht verstehen 55
   - d) Zwänge schnell vollstreckt 58

5. Die Verbescheidung des Bürgers ... 63
   a) Definition des Beamtendeutschs ... 64
   b) Grundwortschatz ... 65
   c) Lang, länger, Mehrwortkomposita ... 66
   d) Sagen & meinen ... 68
   e) Beispiele aus der Praxis ... 69

6. Das sage ich jetzt zentriert, fett und unterstrichen ... 71
   a) Der Spezialist im Spalten fremder Haare ... 72
   b) Rechtsverdreherkauderwelsch ... 74
   c) Das kleine Latinum ... 75
   d) Liebesbriefe vom Anwalt ... 77
   e) Geglückte Niederlage ... 80

7. Die Gerichtssprache ist Juristendeutsch ... 85
   a) Der Paragrafen-Tempel ... 86
   b) Über Richter und Rechtspfleger ... 87
   c) Richtervokabeln ... 90
   d) Das Gericht tagt ... 93
   e) Der Richterwisch ... 95

8. Ein Liebesbrief in Juristendeutsch ... 101

Hatten Sie nicht gesagt, ihre Frau wäre
mit der Scheidung einverstanden?

§ 1
ICH SPRECHE JURA, NICHT DEUTSCH

Eine kurze Einführung
in das Juristendeutsch

a) Scheußlich komisches Jurasprech

»Igitt!«, denkt der Laie, wenn ein Jurist ihm erklärt, dass unter »guten Sitten« das Anstandsgefühl aller billig und gerecht Denkenden zu verstehen ist oder unter »verwerflich« ein erhöhter Grad sittlicher Missbilligung.

Warum können die Schwarzkittel nicht einfach »Bahnschranke« sagen statt »die vorhandene Beschränkung einer höhengleichen Eisenbahn-Straßen-Kreuzung«? Die Sprache der Juristen wirkt auf Laien gestelzt, hölzern und unverständlich. Jurasprech ist die Wurzelbehandlung der deutschen Sprache. Dabei ist sie das Skalpell des Juristen, sein Handwerkszeug. Mit ihm spaltet er mit Vorliebe fremde Haare. Die Waffe des haarspaltenden Paragrafenreiters ist allein seine Wortgewalt.

Juristen gelten nicht unbedingt als sprudelnde Quelle des Humors. Viele Menschen reagieren mit Abscheu, wenn sie einen Paragrafenmann reden hören. Das muss nicht sein. Denn das Juristenkauderwelsch produziert oft unfreiwillige Komik. Es ist zugleich lach- und brechreizerregend. Dieses Buch will den Beweis antreten, dass die Juristensprache auch komisch sein kann.

Ju | ris | ten | deutsch, das (nicht selten despektierlich): diesbezüglich infolge seiner Unübersichtlichkeit schwer nachvollziehbare, von kleinlicher, übertriebener Genauigkeit geprägte, zudem breit und umständlich viel Nebensächliches beziehungsweise Überflüssiges mit darstellende, bisweilen sogar weitschweifige, Formulierungen charakterisierende, intransparente Ausdrucksweise seitens rechtskundiger Person, die ein universitäres Studium der Rechtswissenschaft absolviert hat.

b) Die Tücken des Juristenkauderwelschs

Die juristische Fachsprache ist hinterhältig. Beim ersten flüchtigen Hinhören klingt sie auf vertraute Weise deutsch, da sie arm an Fremdwörtern ist. Damit will der Jurist den Laien aber nur in Sicherheit wiegen. Ganz normale deutsche Wörter wie »Veranlagung«, »Kuckuck« und »peinlich« haben für Paragrafenpatienten einen ganz anderen Sinn als für normale Menschen. Es ist so leicht, Laien auf sprachliches Glatteis zu führen. Der Rechtskundige entnimmt seine Vokabeln häufig dem allgemeinen Sprachgebrauch, unterlegt sie aber klammheimlich mit neuer Bedeutung. Ist das gemein, denken Sie vielleicht. Den Vorwurf des hinterhältigen Sprachgebrauchs würde der Jurist jedoch überhaupt nicht verstehen. Er versteht unter *gemein* nicht hinterhältig, sondern allgemein. Er denkt an die gemeine Gefahr in § 323c StGB, die einer Vielzahl von Menschen droht, oder an den Gemeingebrauch. Aber *gemein* im Sinne von hinterhältig? Nein, da hätten Sie schon *niederträchtig* sagen müssen.

Weitere Beispiele für Abweichungen des Juristendeutschs von der Alltagssprache sind:

→ **Unter »Veranlagung« ist alltagssprachlich die Begabung zu verstehen. Der Jurist meint damit aber die steuerliche Einschätzung.**

→ **Beiladung ist keine zusätzliche Fracht für Lkws und Flugzeuge, sondern die Möglichkeit, im Verwaltungsprozess Dritte zu Beteiligten des Klageverfahrens zu machen, § 65 VwGO.**

→ **Peinlich ist nicht etwas Beschämendes, sondern die Zufügung großer Schmerzen. Peinlich leitet sich aus dem Wort Pein im Sinne von Qual ab, dieses wiederum hat den Ursprung im lateinischen poena, Strafe. Der Jurist denkt bei »peinlich« an die »Peinliche Halsgerichtsordnung« von Karl V., die als Strafe im Wesentlichen vorsah, den Missetäter einen Kopf kürzer zu machen.**

Jurasprech hat mit Deutsch so viel gemein wie das Skalpell des Chirurgen mit dem Vorschlaghammer des Schmieds. Die juristische Geheimsprache zeichnet sich durch folgende Besonderheiten aus:

1. Substantivsucht

Darunter versteht man das Phänomen, in einem Satz möglichst viele **Hauptwörter** zu verwenden. Es wird weitestgehend auf den Gebrauch von Vollverben verzichtet, stattdessen werden Substantivierungen verwendet. Besonders beliebt sind Verbalsubstantiva, denen die Endsilbe »ung« angehängt wird. Also anstatt »etwas bewerten« heißt es »die Bewertung«. Weitere Beispiele für diesen Papierstil sind Weiterbegebung, Inbrandsetzung, Glaubhaftmachung, Geltendmachung, Unbrauchbarmachung und Kraftloserklärung. »Die Einvernahme des Zeugen ist von mir zur Durchführung gebracht worden.«

Verpönt unter Rechtsgelehrten sind dagegen Substantivierungen mit der Endung »erei«, wie beispielsweise Sauferei, Stotterei und Lügerei.

2. Unpersönlicher Stil

Juristen verwenden niemals die »Ich-Form« und die persönliche Anrede. Der Paragrafenmann ist immer auf Distanz zu sich und anderen bedacht. Gottgleich schwebt er über den Dingen. Der unpersönliche Stil fördert zudem die Kluft zwischen Juristen und Rechtsunkundigen.

Der gemeine Bürger wird vom Justizvolk nicht als Person wahrgenommen, sondern bestenfalls als Rechtsunterworfener.

Personen werden deshalb nicht mit Namen genannt, sondern auf ihre Funktion in dem Verfahren reduziert. Herr Meier wird zum Angeklagten, Zeugen oder Kläger. Sich selbst bezeichnet der Rechtsklempner niemals mit »Ich«, das klänge zu subjektiv.

Der Jurist ist zu strenger Objektivität verpflichtet. Richter schreiben statt »ich« »das Gericht«, Anwälte »der Unterfertigte«. Großer Vorteil dieser Vorgehensweise ist

die Vermeidung verständlicher Satzkonstruktionen. Denn die Bezeichnung von Personen nach ihrer Funktion führt recht zuverlässig zu Passivkonstruktionen.

Aus »Ich meine …« wird flugs »Das Gericht vertritt die Rechtsauffassung, dass …«

So lassen sich juristische Texte durch häufige Verwendung von unpersönlichen Passivformen, wie »werden auferlegt« »es wurde in Erwägung gezogen«, trefflich aufblähen.

3. Unfreundlichkeit

Juristen verwenden gern den preußischen Beamtenstil: kurz, unklar und verletzend. Die Juristensprache ist kalt und leblos, sie verzichtet auf jede emotionale Anteilnahme, bevorzugt dafür den Befehlston.

Emotionen sind unter Juristen verpönt. Der Juraterminator kennt weder Freude noch Schmerz. Auch die allertragischsten Schicksale werden im nüchternen Amtston abgehandelt. Mitgefühl ist für ihn ein Fremdwort.

Gnade kennt er nur, soweit die Gnadenordnung sie gesetzlich vorschreibt. Stattdessen wird der rechtsuchende Bürger durch Wörter wie »anordnen«, »androhen« und »beschuldigen« bewusst eingeschüchtert. Dies auch dann, wenn noch gar nicht feststeht, ob der Adressat nicht freiwillig tut, was der Paragrafenmann von ihm will. Als Präventivschlag gibt es immer erst einmal eine Breitseite Jurakauderwelsch mit maximalem Bedrohungspotenzial. »Sollten Sie das heutige Schreiben des

Unterzeichners unbeachtet lassen, werden die gesetzlich zulässigen Vollstreckungsmaßnahmen gegen Sie unverzüglich eingeleitet.«

4. Satzungeheuer

Der Jurist hat eine Vorliebe für Schachtelsätze. Ein Grundbaustein der Unverständlichkeit ist, möglichst viele Informationen in einen langen, unübersichtlichen Satz zu packen. Hier aus Platzgründen nur ein ganz kleines Satzungeheuer:

»Eine solche Versagung eines begünstigenden Verwaltungsaktes, d. h. eine Versagung des Zeugnisses, kann zwar das Selbstwertgefühl des Betroffenen und seiner nächsten Angehörigen berühren, zumal wenn es – wie dies bei leistungsschwachen Prüflingen, die sich an der Grenze des zum Prüfungserfolg fachlich Notwendigen bewegen, nicht selten zutrifft – mit einem Defizit an Selbstkritik gepaart ist.«

(Aus einem Urteil des Verwaltungsgerichtshofs Baden-Württemberg)

5. Lateinische Ausdrücke

Latein ist die Sprache der Edlen. Da die Juristen nach ihrem Weltbild zu der Krönung der Schöpfung gehören, ist die Verwendung lateinischer Ausdrücke unter ihnen beliebt.

Wie selbstverständlich wirft der Paragrafenmelker mit lateinischen Floskeln wie *falsa demonstratio non nocet* oder *pacta sunt servanda* um sich. Da hilft es auch nicht wirklich weiter, wenn Sie früher Asterix-Hefte gelesen haben. *Nullum crimen sine lege* heißt in Wahrheit gar nicht »kein Krimi ohne Lego«. Wer zu den sprachlich benachteiligten Mitmenschen ohne großes Latinum gehört, versteht nur Bahnhof.

c) Die Vorzüge der Unverständlichkeit

Für viele Juristen ist es ein erhebendes Gefühl, nicht verstanden zu werden. Warum gibt es ihn überhaupt, den verbalen Talar der Juristensprache? Dafür gibt es hauptsächlich drei Gründe:

1. Sprache bedeutet Macht

Juristendeutsch ist die Sprache der Mächtigen, der Verwaltung und der Blutgerichte. Sie ist eine Herrschaftssprache. Der Jurist will sich durch seine Geheimsprache Autorität verschaffen.

Juristen werden wegen ihrer Sprache als überheblich, arrogant und rechthaberisch angesehen. Seine Unbeliebtheit verdankt der Jurist neben seinem hässlichen Antlitz vor allem seiner abschreckenden Sprache. Dieser Effekt ist durchaus beabsichtigt.

Der Jurist will geachtet und gefürchtet sein, damit sein Geschwafel von dem ahnungslosen Bürger befolgt wird.

2. Existenzsicherung

Paragrafenklempner leisten nichts, sie leben davon, dass Menschen sich streiten. Jeder Streit ist potenzielles Juristenfutter.

Wo kämen Hunderttausende von Juristen hin, wenn jedermann verstünde, worum es geht? Stellen Sie sich vor, die Gesetze wären für jedermann verständlich und sofort selbst anwendbar, quasi ein Gesetzbuch auf Bildzeitungs-Niveau. Ein Blick ins Gesetz, und alles wäre klar. Das wäre der Albtraum jeden Anwalts.

Verständliches Recht wäre der Super-GAU für den ganzen Juristenstand.

Die Unverständlichkeit des Rechts ist somit kein Fehler, der sich beheben ließe, sie ist beabsichtigt. Kein Jurist hat ein echtes Interesse daran, vom Juristendeutsch als Geheimsprache wegzukommen, es sei denn, er strebt eine Karriere als Hartz-IV-Opfer an.

3. Sprache als Statussymbol

Den Juristen erkennt man am Jargon. Jurasprech ist die Premium-Klasse unter den Fachsprachen. Sie ist ein Ausweis, mit dem man sich als Mitglied einer Elite ausweist. Justitias Jünger belegen ihren gehobenen sozialen Status absichtlich durch eine verklausulierte Sprache. Jurist ist nur, wer sich möglichst gespreizt ausdrückt. Die Kunst, unverständlich zu sein, gilt als Gütesiegel eines erfolgreich abgeschlossenen Jurastudiums. Schon in der Uni kriegt der Paragrafenlehrling beigebracht, je länger und komplizierter, desto wissenschaftlicher und klüger klinge ein Text. Juraprofessor wird man, wenn man seine sprachlichen Fähigkeiten so weit vervollkommnet hat, dass einen niemand mehr versteht.

Merke:
Juristendeutsch nennt man jenes Sprachverbrechen, mit dem Juristen sich unentbehrlich machen.

§ 2

DAS RINDFLEISCH-ETIKETTIERUNGS-ÜBERWACHUNGS-AUFGABENÜBER-TRAGUNGSGESETZ

Gesetze, die keiner versteht

Ein alter Juristenspruch lautet: »Ein Blick ins Gesetz erleichtert die Rechtsfindung ungemein.« Der *Schönfelder*, ein zentnerschwerer, roter und mehrere Meter dicker Gesetzeskommentar, gilt nicht umsonst als allgemeines Erkennungszeichen des Juristen. Nur zu dumm, dass die Gesetze für diejenigen, die sich danach richten sollen, weitgehend unverständlich sind.

a) Wortungeheuer greifen an

Moderne Gesetze zeichnen sich durch abstruse Bezeichnungen in Überlänge aus. Für sie werden immer neue Wortungeheuer erfunden. Dahinter verbirgt sich die Hoffnung der Gesetzesfabrikanten, der Bürger möge schon bei der Lektüre des Gesetzestitels entnervt das Handtuch werfen.

→ **Grundstücksverkehrsgenehmigungszuständigkeitsübertragungsverordnung,** ein Unwort mit 67 Buchstaben. Selbst die Abkürzung bringt es noch auf neun Buchstaben: GrundVZÜV.

→ **Legehennenbatteriehaltungsverordnung**

→ **Verkehrswegeplanungsbeschleunigungsgesetz**

→ **Arzneimittelausgabenbegrenzungsgesetz**

→ Steuervergünstigungsabbaugesetz

→ Rinderkennzeichnungs- und Rindfleischetikettierungsüberwachungsaufgabenübertragungsgesetz (RkReÜAÜGM-V)

Bei manchen Gesetzen ist die Abkürzung des Gesetzes schon so verwirrend, dass eigentlich niemand mehr wissen möchte, was sich dahinter verbirgt.

→ EuRHiÜbkVtrNLD ist ausgeschrieben: Vertrag vom 30.08.1979 über die Ergänzung des Europäischen Übereinkommens vom 20.04.1959 über die Rechtshilfe in Strafsachen und die Erleichterung seiner Anwendung.

→ SozSichAbkÄndAbk2ZAbkTURG bedeutet das Gesetz zu dem Zusatzabkommen vom 2. November 1984 zum Abkommen vom 30. April 1964 zwischen der Bundesrepublik Deutschland und der Republik Türkei über Soziale Sicherheit und zu der Vereinbarung vom 2. November 1984 zur Durchführung des Abkommens vom 11. Dezember 1986 v. 11.12.1986.

→ ApoAnwRStG: Gesetz über die Rechtsstellung von geprüften Apotheker-Anwärtern.

→ BpräsFlaggAnO: Anordnung des Bundespräsidenten über die Dienstflagge der Seestreitkräfte der Bundeswehr.

- **MädchHdlbk:** Internationales Übereinkommen vom 04.05.1910 zur Bekämpfung des Mädchenhandels.

- **UZwVwVBMI:** Allgemeine Verwaltungsvorschrift des Bundesministers des Inneren zum Gesetz über den unmittelbaren Zwang bei Ausübung öffentlicher Gewalt durch Vollzugsbeamte des Bundes.

- **RhPfBOöbVj:** Berufsordnung der öffentlich bestellten Vermessungsingenieure in Rheinland-Pfalz.

- **BDGBlBBBMinBFAnO:** Anordnung zur Durchführung des Bundesdisziplinargesetzes bei dem bundesunmittelbaren Bundesinstitut für Berufsbildung im Geschäftsbereich des Bundesministeriums für Bildung und Forschung,

b) Paragrafen

Gesetzestexte sind unterteilt in Paragrafen. Der Begriff Paragraf stammt aus dem Griechischen und bedeutet »das Danebengeschriebene«. Und Paragrafen, die daneben sind, gibt es in der Tat reichlich.

Der Begriff **Gummiparagraf** erinnert spontan an die Gummizelle. Damit bezeichnet man abwertend eine gesetzliche Bestimmung, die zu allgemein oder zu unbestimmt formuliert ist, sodass die mangelnde Genauigkeit erlaubt, das betreffende **Gesetz** »gummiartig« zu dehnen. Was mag wohl eine *Leistung nach Treu und Glauben* gem. § 242 BGB oder eine Maßnahme zur *Gefahrenabwehr* nach § 3 SOG bedeuten? Worin genau besteht die nach Art. 1 Abs.1 GG *unantastbare Würde des Menschen*? Was ist eine *Untreue* nach § 266 StGB? Reicht dazu ein normaler Seitensprung aus? Wer sich nur lange genug mit solchen Fragen beschäftigt, ist reif für die Gummizelle.

Deutsche Gerichte und Behörden sind die bevorzugten Futterstellen des *Equ es Paragraficorum*. Der Paragrafenreiter zieht seine Lebensfreude einzig aus der peniblen Befolgung jedes einzelnen Gesetzesbuchstabens. Für ihn ist ein Gesetzbuch wie ein Pornoheft. Er kann sich mental an jedem beliebigen Paragrafen einen runterholen. Insgeheim hofft er, zum Träger des Goldenen Paragrafenreiters ernannt zu werden. Viel häufiger landet er allerdings wegen Hirnwichserei im Westflügel der geschlossenen Anstalt.

Wir werden den Streit mit einem Wasserpistolenduell beenden.

Der Paragrafendschungel ist die vom Gesetzgeber aufgestellte Falle, in die der Bürger nur zu gern gelockt wird. Hat der Bürger irgendein Anliegen, will er zum Beispiel einen kleinen Betrieb gründen oder seinen Ehepartner loswerden, wird er in ein undurchdringliches Vorschriftendickicht gelockt. Kein Laie kann Abertausende Gesetze mit Millionen Paragrafen wirklich überblicken. Einen Ausweg aus dem Paragrafendschungel weiß nur der Fremdenführer vom nächsten Anwaltsbüro.

Merke:
Das Paragrafenzeichen allein sieht aus wie ein Folterwerkzeug. (Stanislaw Jerzy Lec)

c) Kuriose Definitionen

Von einer Legaldefinition spricht man, wenn ein bestimmter Begriff im Gesetz definiert wird. Am Definieren erkennt man den Übergang vom Menschen zum Juristen. Die Definitionsgläubigkeit der Juristen macht dabei auch vor Alltagsbegriffen nicht halt. Juristen sind berühmt für ihre Fähigkeit, Begriffe, die jedes Kleinkind kennt, so zu beschreiben, dass niemand mehr durchblickt.

Die 10 kuriosesten Legaldefinitionen:

1. PRALINE

Praline ist ein Erzeugnis aus gefüllter Schokolade in Bissengröße.

Nr. 1.28 Anlage Kakaoverordnung

2. EINMALIG

Die einmalige Zahlung wird für jeden Berechtigten nur einmal gewährt.

§ 3 Abs.1 Satz 1 Bundesbesoldungs- und Versorgungsanpassungsgesetz 1999

3. HUHN

Das Huhn ist aus ethologischer Sicht ein sozial und territorial lebender Scharr- und Flattervogel mit klar strukturierter Rangordnung, dessen wichtigstes Fortbewegungsmittel die Beine sind.

Bundesrat-Drucksache 574/1/03, S. 4

4. SCHIFF

Unter Schiff ist ein nicht dauerhaft am Meeresboden befestigtes Wasserfahrzeug jeder Art und Größe zu verstehen.

Bundestag-Drucksache 11/4946, S. 6

5. SPIELZEUG

Spielzeug sind alle Erzeugnisse, die dazu gestaltet oder offensichtlich bestimmt sind, von Kindern im Alter bis 14 Jahren zum Spielen verwendet zu werden.

§ 1 Abs.1 Satz 2 Verordnung über die Sicherheit von Spielzeug

6. LIEBESPERLEN

Liebesperlen sind kleine, kugelförmige Dragees, die aus Zuckerarten und/oder Zuckeralkoholen bestehen und zuweilen durch Dragieren weiterer Zuckerdecken auf Nonpareille hergestellt werden.

Nr. 1.6 Begriffsbestimmungen und Verkehrsregeln für Zuckerwaren und verwandte Erzeugnisse

7. BRIEF

»Briefsendung« ist eine Mitteilung in schriftlicher Form auf einem physischen Träger jeglicher Art, die befördert und an die vom Absender auf der Sendung selbst oder ihrer Verpackung angegebene Anschrift zugestellt wird.

Art. 2 Nr. 7 der Richtlinie 97/67/EG

8. ANRUF

»Anruf« ist eine über einen öffentlich zugänglichen Telefondienst aufgebaute Verbindung, die eine zweiseitige Echtzeitkommunikation ermöglicht.

§ 3 Nr. 1 Telekommunikationsgesetz

9. BLINKER

»Fahrtrichtungsanzeiger« ist eine Leuchte, die dazu dient, anderen Verkehrsteilnehmern anzuzeigen, dass der Fahrzeugführer die Absicht hat, die Fahrtrichtung nach rechts oder nach links zu ändern.

Anhang I Nr. 5.9. Richtlinie 93/92/EWG

10. MÜNDLICHE PRÜFUNG

Mündliche Prüfungen sind die Prüfungen, bei denen die Prüfungsfragen mündlich zu beantworten sind.

§ 4 Nr. 31 Universitäts-Studiengesetz (Österreich)

§ 3
GEBT IHM EIN FAIRES GERICHTSVERFAHREN UND HÄNGT IHN DANN AUF

Der Strafprozess –
von der Anklage bis zum Zuchthaus

a) Das Casting

Sie kennen das von den Gerichtsshows im Fernsehen. Die Besetzungsliste eines Strafprozesses ist vergleichsweise groß.

1. Das Opfer

Ohne Geschädigten gibt es kein Strafverfahren. Dieser wird entsprechend der an ihm begangenen Tat benannt, z.B. der Sachbeschädigte, der Körperverletzte oder der Urkundsverfälschte. Das Opfer ist zugleich der Hauptbelastungszeuge, vorausgesetzt, es hat die Tat überlebt.

2. Beschuldigter

So nennt sich der Verdächtige, gegen den ein Ermittlungsverfahren läuft. Zum Angeklagten wird er mit Eröffnung des Hauptverfahrens befördert. Auf dem Höhepunkt seiner Justizkarriere wird er zum Verurteilten. Sein Exil als Justizopfer verbringt er schließlich im Hotel mit Gitterblick.

3. Die Polizei

Diese Hilfsbeamten der Staatsanwaltschaft sind oft keine große Hilfe, schon gar nicht für den Anklagenfritze.

Zum Falschparkeraufschreiben reicht's noch, weiter aber nicht. Deshalb müssen alle Fernseh-Staatsanwälte selbst ermitteln.

4. Staatsanwalt

Der trinkfeste Mitarbeiter des Anklageerhebungsbüros ermittelt die belastenden Umstände gegen den Beschuldigten und lässt alle entlastenden Umstände unter den Tisch fallen. Wegen dieses einseitigen Jagdtriebs nennt man die Staatsanwaltschaft auch die subjektivste Behörde der Welt.

5. Richter

Alles Wesentliche über die Richterstuhlhocker folgt in Kapitel 7.

6. Pflichtverteidiger

Von der Möglichkeit, bis zu drei Starverteidiger anzuheuern, machen die meisten Hartz-IV-Opfer mangels Knete keinen Gebrauch. Deshalb gibt es vom Gericht den Anwalt auf Krankenschein. Leider erzielen diese Duzfreunde des Richters mit ihrem gerade mal ausreichenden Examen nur eine geringe Freispruchquote. In Richterkreisen werden Pflichtverteidiger Geständnisbegleiter genannt.

7. Strafkammer

ist ein kleiner, lichtloser Raum im Landgericht zum Foltern von Straftätern. Er befindet sich meist im Keller und ist mit einer Streckbank ausgestattet.

8. Schwurgericht

ist für alle nassen Sachen, d. h. blutige Schwerverbrechen wie Mord, Totschlag etc. zuständig. Die Richter des Schwurgerichts haben das feierliche Versprechen abgelegt, keine geringere Strafe als lebenslänglich zu verhängen. So wahr ihnen Justitia helfe! Für den Verurteilten bedeutet das für ziemlich lange Zeit Nasszelle.

9. Schöffe

Hilfloser Statist, der im Strafprozess den Richter flankiert, auf dass das Volk, in dessen Namen geurteilt wird, an der Urteilsfindung mitwirke. Hilflos ist er, weil er vom Recht nichts versteht und auch die Akten nicht kennt. Richter Ahnungslos dient eigentlich nur der Schaffung von Revisionsgründen, z. B. wenn die Schöffenliste falsch ist, § 44 GVG.

10. Geschworene

Schöne Form der Bürgerbeteiligung in den USA, vor allem bei Verhängung von Todesurteilen. In Deutschland gibt es zwar ein Schwurgericht, Geschworene findet man dort heute allerdings nicht mehr.

11. Sachverständiger

Der Zeuge war dabei, aber versteht nichts von der Sache; der Sachverständige versteht was von der Sache, war aber nicht dabei, und der Richter war weder dabei noch versteht er was von der Sache. Deshalb verlässt er sich nur zu gern auf den Richter in Weiß.

b) Der Spielverlauf

1. Anklage

Sie ist das Endprodukt der Staatsanwaltschaft und enthält eine stets unzutreffende Darstellung des harmlosen, ja oft liebenswerten Verhaltens von Unschuldsengeln. Das Ganze wird in verwirrende Bandwurmsätze verpackt.

»Theo Trinkl wird angeklagt, in X-Stadt am Y-Tag durch zwei selbstständige Handlungen – fahrlässig im Straßenverkehr ein Fahrzeug geführt zu haben, obwohl er infolge des Genusses alkoholischer Getränke nicht in der Lage war, das Fahrzeug sicher zu führen und dadurch fahrlässig fremde Sachen von bedeutendem Wert gefährdet zu haben – tateinheitlich sich als Unfallbeteiligter nach einem Unfall im Straßenverkehr vom Unfallort entfernt zu haben, bevor er zugunsten der anderen Unfallbeteiligten und der Geschädigten die Feststellung seiner Person, seines Fahrzeugs und der Art seiner Beteiligung durch seine Anwesenheit und durch die Angabe, dass er an dem Unfall beteiligt war, ermöglicht hatte, indem er …«

Ist das nicht klasse? Und das ist nur der Beginn einer simplen Trunkenheitsfahrt kombiniert mit einer Unfallflucht in einem einzigen langen Satzungeheuer. In einer echten Anklage würde der eine Satz mindestens doppelt so lang sein.

2. Deal

Der sogenannte Deal ist quasi der Teppichbasar im Recht. Er ist eine Abkürzung des Strafverfahrens. Verteidiger und Staatsanwaltschaft handeln Strafmilderung gegen Geständnis aus. Dann gehen sie zum Dealer, dem Vorsitzenden Richter, der den Handel mit der Gerechtigkeit in der berechtigten Hoffnung auf einen frühen Feierabend absegnet.

Für diese Verhandlung brauchen wir den richtigen Mann. Einen, der liebenswert, knuddelig und wahnsinnig süß ist. Wen sollen wir schicken?

3. Hauptverhandlung

ist der Höhepunkt jedes Strafverfahrens. Der Angeklagte, meist ein unbedeutender Niemand, darf endlich einmal in seinem Leben eine Hauptrolle spielen.

Die Hauptverhandlung ist, wie die meisten Dramen, ein Dreiakter. Nach der Eröffnung mit der Verlesung der Anklage folgt im Hauptteil die Beweisaufnahme und zum Schluss die Urteilsverkündung.

Die Rolle als Angeklagter wäre beliebter, wenn es im Anschluss nicht für lange Jahre in den Knast ginge.

4. Kreuzverhör

ist die Vernehmung eines Kreuzes. Weil Kreuze so selten angeklagt werden, hat das Kreuzverhör hierzulande keine praktische Bedeutung.

5. Plädoyer

ist der Showdown jedes Gerichtskrimis. Der Oberverdachtsschöpfer fordert bellend und mit Schaum vor dem Mund die Höchststrafe, der Verteidiger kann sich maximal mit einem Freispruch anfreunden. Und zwar lebenslänglich! Hier ist ihr ganzes schauspielerisches Können gefragt. Beide schreiten während des Schlussvortrags auf der Suche nach den Geschworenen langsam im Sitzungssaal auf und ab.

6. Letztes Wort

ist eine gern genutzte Möglichkeit für den Angeklagten, durch Beleidigung aller Anwesenden unmittelbar vor Urteilsfällung noch einen nachhaltig schlechten Eindruck zu hinterlassen.

Ohne das letzte Wort würde das Gericht womöglich noch auf die goldenen Worte des Verteidigers hereinfallen.

7. Urteilsverkündung

Der Vorsitzende verliest stehend die Urteilsformel. Es beginnt mit den Worten »Im Namen des Schalkes ergeht folgendes Unheil«. Am Schluss wird die Lagerfrist im Justizschließfach verkündet.

c) Endstation Hotel mit Gitterblick

1. Auswerfen

Eine Strafe wird *ausgeworfen*, wie ein Netz oder eine Angel. Auch gebräuchlich: ausurteilen. Auf jeden Fall ist es erst einmal aus für den Knastologen.

2. Strafmilderungsgründe

werden auch mildernde Umstände genannt. Interessant, wenn die Strafe nicht so hart ausfallen soll. Der Strafmilderungsgrund mit der größten Wirkung ist der der Unschuld: »Strafmildernd wird berücksichtigt, dass er es vielleicht nicht gewesen ist.«

3. Lebensführungsschuld

Ist eine beliebte Vereinfachung der Strafzumessung. Statt mühsam Strafmilderungs- und Strafschärfungsgründe zu ermitteln und gegeneinander abzuwägen, bedient sich der Strafrichter der Lebensführungsschuld.

Hat man es beruflich zu nichts gebracht, einen hässlichen Sexualpartner und kauft man nur beim Discounter ein, so ist allein dieses verpfuschte Leben eine mehrjährige Gefängnisstrafe wert.

4. Bewährungsversager (BV)

Akademische Auszeichnung, wenn Straftaten innerhalb laufender Bewährungszeit begangen werden.

Das hartnäckige Weiterverfolgen der kriminellen Karriere wird mit Strafvollzug belohnt.

Die Abkürzung BV kann alternativ auch Berufsverbrecher bedeuten.

5. Zuchtmittel

lässt einen spontan an Peitschen und Rohrstöcke denken. Gemeint sind aber besondere Sanktionen im Jugendstrafrecht (Verwarnung, Auflage, Jugendarrest).

Diese Streichelpädagogik (»Du, nicht noch mal der Oma mit dem Baseballschläger über den Kopf …«) ist jedoch längst nicht so wirkungsvoll wie die früher übliche körperliche Züchtigung.

6. Haft

ist die staatliche Daseinsvorsorge zum Zwecke der Resozialisierung von Gesellschaftsopfern.

Das Vollzugsziel ist in § 2 Satz 1 StVollzG definiert. Im Vollzug der Freiheitsstrafe soll der Gefangene fähig werden, künftig in sozialer Verantwortung ein Leben ohne Straftaten zu führen.

Amen.

7. Zelle

ist ein enger und karger Raum für Sträflinge. Das Fenster hat häufig Gitterblick.

8. Verschubung

ist der Gefangenentransport. Der Reiseveranstalter »Richters Reisen« bringt die Schüblinge mit schmalfenstrigen Bussen an jeden Ort Deutschlands, sofern es sich dabei um ein Gericht oder ein Gefängnis handelt.

9. Abgang

Abgängig sein bedeutet, dass ein Inhaftierter aus der Anstalt geflohen ist.

10. Berufsverbrecher

Gerade in Zeiten der Massenarbeitslosigkeit hat der Beruf des Verbrechers wieder an Attraktivität gewonnen. Die Ausbildung wird ehrenamtlich von erfahrenen Zellengenossen durchgeführt. Die Zeugniserteilung erfolgt in Form von Strafregistern. Nach mindestens zehn Eintragungen wird dem Studenten der Knastologie und Gitterkunde der Titel des Berufsverbrechers verliehen.

§ 4
HEMMUNGEN KENNT DER JURIST NUR BEI DER VERJÄHRUNG

Zivilrechtliche Unverständlichkeiten

a) Zuvielrecht übersetzt

Nach einem alten Scherz unterscheiden sich BGB und Bibel*vor allem dadurch, dass Letztere ins Deutsche übersetzt wurde.

1. Hemmung

Hemmung(en) kennt der Jurist nur bei Verjährung, vgl. §§ 209 ff. BGB.

2. Unverzüglich

Unter unverzüglich versteht der Laie sofort, juristisch bedeutet es *ohne schuldhaftes Zögern* (Legaldefinition gem. § 121 BGB), was auch eine Reaktionszeit von mehreren Tagen bedeuten kann.

3. Scherzerklärung

„Eine nicht ernstlich gemeinte Willenserklärung, die in der Erwartung abgegeben wird, der Mangel der Ernstlichkeit werde nicht verkannt werden, ist nichtig", lautet § 118 BGB. Dieser Paragraph enthält fünf in verschiedener Weise aufeinander bezogene Verneinungen, sodass er den meisten Lesern nur nach längerem Überlegen verständlich werden dürfte (Verneinungen: nicht, Mangel, nicht, verkannt, nichtig). Inhaltlich ist die Unwirksamkeit des guten Scher-

---

* Der Eingangssatz der Bibel „Am Anfang schuf Gott Himmel und Erde" müsste im Juristendeutsch richtig heißen: „Am Anfang erfolgte göttlicherseits die Erschaffung des Himmels und der Erde."

zes gemeint. Ruft jemand in der Kneipe „Ein Königreich für ein Bier« oder „Freibier für alle«, sollten Sie dies nicht unbedingt für bare Münze nehmen.

4. Früchte

Früchte im Sinne des Bürgerlichen Gesetzbuches sind auch Eier, Sand und Kohle. Alle natürlichen Tier- und Bodenprodukte werden nämlich im BGB so bezeichnet. Fragen Sie bei Ihrem nächsten Einkauf im Obst- und Gemüseladen ruhig mal nach Sand und Kohlen. Zivilrechtlich wäre das schon in Ordnung.

5. Herrenlosigkeit

Dieses Wort bezeichnet nicht alleinstehende Frauen, sondern Sachen, die sich in niemandes Eigentum befinden. Die Wendung »herrenloses Damenfahrrad« will deshalb auch nicht auf das Fehlen des dazugehörigen Herren hinweisen. Im Rahmen der sprachlichen Gleichberechtigung müsste es zudem richtig »damenloses Damenfahrrad« heißen.

6. Exkulpation

bedeutet generell Entschuldigung. Wenn Sie das nächste Mal eine Entschuldigung für Ihr Kind schreiben, betiteln Sie die mit Exkulpation. Der Pädagogikvollzugsbeamte wird dann schon wissen, dass Sie damit ein vermutetes Schulschwänzen widerlegen wollen.

7. Ausantworten

Sachen werden im Jurasprech nicht schlicht herausgegeben, sondern ausgeantwortet. Dies ist ein völlig alltäglicher Begriff, wie ihn schon Karl May in »Im Pueblo« verwendete: »Ist mein Bruder Winnetou vielleicht der Ansicht, dass die Yumas uns aus Angst die drei Personen und unsere Pferde ausantworten werden?«

8. Fahrnis

Der alte Begriff der Fahrnis bezeichnet bewegliche Sachen, also alles, was man wegfahren kann – im Gegensatz zu den unbeweglichen Sachen, den Fahrnichtwegs. Letzterer Begriff wird häufig durch das Modewort Immobilien ersetzt.

9. Kraftloserklärung von Urkunden

Fühlen Sie sich auch manchmal so müde und abgespannt? Wollen Sie, dass sich Ihr Sparbuch oder Hypothekenbrief auch mal so fühlt? Dann können Sie beim Amtsgericht die Kraftloserklärung der Urkunde beantragen. Das Gericht erklärt sie dann per Urteil für entkräftet, sodass aus der Urkunde keine Rechte mehr geltend gemacht werden können.

10. Durchgriff

Der Laie denkt an den Eingriff der Unterhose, der Jurist an die Durchgriffshaftung.

11. Ersitzung

ist ein edler juristischer Gesäßwettbewerb. Wenn man auf einer Sache zehn Jahre lang sitzt und nicht aufsteht, darf man sie behalten. Ich habe auf diese Weise schon zwei Chefsessel bekommen. Manchmal führt Sitzenbleiben also doch zu etwas.

12. Untergang

Ansprüche gehen wie die »Titanic« unter. Untergehen versteht der Jurist dabei im Sinne von erlöschen und nicht von ertrinken. Sogar Bundesländer können untergehen. So dem Land Lippe durch Richtlinie geschehen im Jahre 1946 (BVerfGE 4, 250). Es ist seitdem nie wieder aufgetaucht, was zeigt, dass eine simple Richtlinie es hinsichtlich eines verheerenden Dauerschadens mit jeder Sturmflut aufnehmen kann.

13. Anwachsung

Da denkt man spontan an eine hässliche Warze oder ein Geschwür. Der Jurist versteht darunter die anteilige Erhöhung der Erbteile der vom Erblasser eingesetzten Erben infolge des Wegfalls eines Miterben.

14. Heimfall

Damit ist nicht gemeint, dass Opi jetzt zum Pflegekandidaten des Ablebebunkers geworden ist, sondern i. S. v. »zufallen«. Die Erbschaft fiel mangels sonstiger Erbberechtigter dem Staate anheim.

15. Entäußern

Wenn ein Schwarzkittel etwas loswerden will, entäußert er sich der Sache oder des Rechts. Klingt eleganter als loswerden. »Heute habe ich mich meiner Ehefrau entäußert.«

16. Schickschuld

Kann man Schulden wirklich verschicken? Und wenn ja, wohin? Mit Schickschuld ist in Wahrheit kein eleganter Weg gemeint, die Schulden loszuwerden, sondern das Auseinanderfallen von Leistungs- und Erfüllungsort. Leistungsort ist der Wohn- bzw. Gewerbesitz des Schuldners, von wo er die Leistung/Sache absendet. Erfolgsort ist der Wohn- bzw. Gewerbesitz des Gläubigers.

17. Konfusion

Unter Konfusion versteht man im Allgemeinen den Zustand von Verwirrung und Zerstreutheit. Im Juristendeutsch ist damit die nachträgliche Vereinigung von Forderung und Schuld in einer Person durch Rechtsnachfolge gemeint.

18. Kollision

Der Laie denkt bei Kollision an seinen letzten Verkehrsunfall und erspart sich Abgrenzungen wie Kollusion, Konfusion und Konklusion. Das sind alles nur verschiedene Schreibweisen desselben Begriffes.

19. Schmerzensgeld

Richter kennen keinen Schmerz. Jahrelanges Studium trauriger, zwischen Aktendeckel gepresster Einzelschicksale hat sie schmerzunempfindlich gemacht. Deshalb fallen in Deutschland Schmerzensgelder immer vergleichsweise bescheiden aus.

20. Mental

Mental ist ein Alarmsignal für den Mann des Rechts, dass es Probleme mit dem Geist (lat. mens) von jemandem gibt. Wenn jemand wie Boris Becker sagt, er sei »mental gut drauf«, prüft der Richter im Geiste schon mal die Unterbringungsvoraussetzungen durch. Eine häufige Geisteskrankheit ist *Mentalreservation,* die darin besteht, dass der Erklärende sich insgeheim vorbehält, das Erklärte nicht zu wollen.

21. Lucidum intervallum

Die Geschäftsunfähigkeit wegen Geisteskrankheit kann in sog. lichten Momenten *(lucidum intervallum)* vorübergehend entfallen. Bei den meisten Bemackten ist die Hoffnung auf einen lichten Moment jedoch unbegründet.

22. Knochentaxe

ist keine Umschreibung eines Bestattungswagens, sondern eine Tabelle für die Einschätzung der unfallbedingten Minderung der Erwerbsfähigkeit im Einzelfall.

23. Rektapapier

ist eine Zusammensetzung aus lat. *rectum* (Enddarm) und Papier. Klar, auch Juristen brauchen Klopapier.

24. Zubehör

Eine Sache ist nicht Zubehör, wenn sie im Verkehr nicht als Zubehör angesehen wird, § 97 Abs.1 Satz 2 BGB.

Dann doch besser gleich: Juristendeutsch ist kein Deutsch, wenn es im allgemeinen Sprachgebrauch nicht als Deutsch angesehen wird.

b) Ehesex im Jurasprech

1. Beiwohnung

Die Verwendung des ordinären Wortes Sex ist streng verboten. Für »mit jemandem schlafen« wird »jemandem beiwohnen« verwendet. Aus Sicht der Frau heißt es dann, »die Beiwohnung gestatten«. Zuvor wurde sie verführt, das heißt durch »Erregung sinnlicher Begierde zum Beischlaf geneigt gemacht«. Die Geneigtmachung geschah durch »wollüstige Blicke, unkeusche Worte und unzüchtige Berührungen der Geschlechtsteile«. Im schlimmsten Fall sogar der unbedeckten Geschlechtsteile, d. h., die Triebtäter waren nackt! Kein Wunder, dass es kaum noch unbescholtene Frauen gibt.

2. Kranzgeld

hat nichts mit Beerdigungen zu tun, sondern war eine Entschädigung für die Entjungferung verlobter Frauen, wenn der Bräutigam später das Verlöbnis löste. Dies regelte früher § 1300 BGB, der 1998 aufgehoben wurde.

3. Verehelichung

Juristenwort für Heiraten. Die sprachliche Nähe zur **Verurteilung** ist beabsichtigt. Bei beiden kann es lebenslänglich ohne Bewährung geben. »Nach der Heirat machten sie eine Hochzeitsreise nach Venedig« heißt im Jurasprech: »Nach der Eheschließung absolvierten sie eine Eheschlussreise nach Venedig.« Ob Juristen übermäßig romantisch veranlagt sind, fragen Sie jetzt besser nicht.

4. Beischlafpflicht in der Ehe

Die Ehe verpflichtet grundsätzlich zum Geschlechtsverkehr. Man kann diese sich aus § 1353 BGB ergebende

Ehepflicht sogar einklagen. Das nützt dem sexuell frustrierten Ehegatten nur nichts, da ein Urteil auf »Herstellung des ehelichen Lebens« nicht vollstreckbar ist, § 888 Abs.3 ZPO. Man stelle sich ansonsten den Gerichtsvollzieher vor, der am Ende des Ehebettes steht und den Vollzug des ehelichen Verkehrs erzwingen und überwachen muss. Eigentlich schade, denn GV ist die Abkürzung sowohl für Geschlechtsverkehr als auch für Gerichtsvollzieher.

5. Hinkende Ehe

Hat nichts mit Vermählung von Gehbehinderten zu tun, sondern ist eine Ehe, die nach einer Rechtsordnung wirksam ist, nach einer anderen jedoch nicht.

6. Wesen der Ehe

Ehe ist lebenslängliche Doppelhaft ohne Bewährungsfrist und Strafaufschub, verschärft durch Vollzug in Gemeinschaftsunterkunft und Fortpflanzungspflicht.

7. Kind als Schaden

Stellen Sie sich vor, es wird ein ungewolltes oder behindertes Kind geboren. Juristen haben kein Problem damit, das Kind als Schadensposition anzusehen. Ungewollte Kinder sind wie die Zusendung unbestellter Ware zu behandeln und unfrei zurückzuschicken. Beschädigte Kinder sind nach den Gewährleistungsvorschriften des Werkrechts abzuwickeln. Nein, Juristen sind nicht zynisch, das ist bloß ein Vorurteil.

8. Kindeseltern

Jedes Kind hat einen **Vater** und eine **Mutter**, von den Paragrafenjüngern werden sie als Kindeseltern bezeichnet. Juristische Texte lassen sich prima durch die häufige Verwendung von **Kindesvater** und **Kindesmutter** aufblähen. Der Abkömmling kann auch ruhig **Elternkind** genannt werden.

Kindesmutter eines Elternkindes ist nach § 1591 BGB überraschenderweise die Frauensperson, die es geboren hat. Wer hätte das gedacht bzw. verstanden?

c) Zivilverfahren nicht verstehen

1. Klage

Wehgeschrei als Ausdruck von Schmerz, Kummer und Trauer. Wenn dieses Ungemach zu Geld gemacht werden soll, ist die Klage beim Gericht in Form eines Schriftsatzes einzureichen.

2. Streitwert

Für den Anwalt wird mit dem Streitwert eine Wertschätzung des Streites ausgedrückt. Je höher, umso lieber. Denn danach berechnet er seine Gebühren.

3. Vergleich

Mittel, mit dem der Rechtsstreit ohne Urteil so beendet werden kann, dass beide Parteien unzufrieden sind. Im Wege des gegenseitigen Nachgebens müssen beide Parteien Federn lassen. Wegen des Gleichbehandlungsgrundsatzes ist er dem richterlichen Urteil bei Weitem vorzuziehen, bei dem in der Regel nur eine Partei unzufrieden ist.

4. Kostenaufhebung

Wenn der Rechtsstreit ausgeht wie das Hornberger Schießen, muss jede Partei seine Anwaltskosten selbst und die Hälfte der Gerichtskosten tragen. Probates Verhütungsmittel für weitere Klagen, zum Beispiel von verfeindeten Nachbarn.

5. Prima facie

lat. *auf dem ersten Blick*, steht für den Anscheinsbeweis. Bei typischen Geschehensabläufen braucht kein Beweis mehr erhoben zu werden. Klassisches Beispiel ist der Auffahrunfall: »Wenn's hinten kracht, gibt's vorne Geld.«

6. Non liquet

lat. *Es ist nicht klar*. Die Beweisaufnahme hat den Richter verwirrt, und eigentlich wollte er schon seit einer halben Stunde auf dem Golfplatz sein. Da wird die Klage flugs wegen Nichterweislichkeit einer Tatsache abgeschmettert.

7. Glaubhaftmachung

ist eine abgeschwächte Form der Beweisführung. Ein Ehrenwort sollte den meisten Richtern genügen. »Ich gebe Ihnen mein Ehrenwort, dass die gegen mich erhobenen Vorwürfe haltlos sind«, lautet eine ministerpräsidentenerprobte Formulierung.

Ein Ehrenwort ist rechtlich fast so viel wert wie eine beeidete Zeugenaussage.

8. Aktiv-/Passivlegitimation

Wie werden Passivlegitimationen gebildet? Was sind Aktivlegitimationen? Wann schreibt man Schriftsätze in der Aktiv- und wann in der Passivlegitimation? Das hätten Sie in der 7. Klasse Deutsch alles lernen können, wenn Sie nur besser aufgepasst hätten.

9. Fliegender Gerichtsstand

Gerichtsstand ist die örtliche Zuständigkeit eines Gerichts. Fliegender Gerichtsstand umschreibt ein entflogenes Gericht und hat nichts mit dem Luftverkehrsrecht zu tun. Der Kläger hat jetzt zwei Möglichkeiten: Entweder kann er dem Gericht hinterherfliegen oder abwarten, bis die Feuerwehr das Gericht wieder eingefangen hat.

d) Zwänge schnell vollstreckt

1. Zwangsvollstreckung

Wahnhaftes Verhalten von Gerichtsvollziehern, die krankheitsbedingt nicht anders können. Aufgrund einer zwanghaften Persönlichkeitsstörung wird die Eintreibung von Forderungen für sie zu einer fixen Idee. Ähnlich schlimm wie Kratzzwang, Waschzwang und Anwaltszwang.

2. Gerichtsvollzieher

ist der Geldeintreiber des Gerichts. Da es sich um Beamte handelt, nur begrenzt effektiv. »Der Gerichtsvollzieher kommt – und geht auch wieder« ist eine tröstliche Schuldnerweisheit.

3. Verstrickung

»Mist, jetzt habe ich mich verstrickt!« Unter Verstrickung versteht der Rechtsgelehrte aber nicht die fehlerhafte Maschenbildung bei Wolltextilien. Er meint die Begründung eines öffentlich-rechtlichen Gewaltverhältnisses über den gepfändeten Gegenstand.

Die Verstrickung endet (Entstrickung), sobald die Verwertung des Pfandgegenstands beendet ist.

4. Unzeit

Zeitliche Grenzen der Pfändung. In dieser Zeit, zu der die Nachtzeit, Sonntage sowie die allgemeinen Feiertage gehören, muss sich der Schuldner nicht auf eine Zwangsvollstreckung einstellen.

Der Schuldner muss mit anderen Worten seine pfändbare Habe nur zu den üblichen Dienstzeiten eines Gerichtsvollziehers verstecken.

5. Kuckuck

Kuckuck im juristischen Sinne ist nicht der bis 33 cm große, schlanke, langschwänzige Zugvogel mit heller, dunkel quer gebänderter Unterseite, sondern die Marke, welche der Gerichtsvollzieher bei der Pfändung zu deren Kenntlichmachung an der betroffenen Sache anbringt, § 808 Abs.2 ZPO.

6. fruchtlos

Gerichtsvollzieher suchen bei der Pfändung vor allem nach Früchten. Finden sie keine, ist die Pfändung erfolglos, also fruchtlos. Dafür stellt der Gerichtsvollzieher eine Fruchtlosigkeitsbescheinigung aus, die den Schuldner seinem Ziel, der Erlangung des Offenbarungseides (heute eidesstattliche Versicherung genannt), einen wesentlichen Schritt näher bringt.

> **Aus der Zustellungsurkunde eines Gerichtsvollziehers:**
> »Beglaubigte Abschrift vorstehenden Schriftstückes sowie beglaubigte Abschrift dieser Zustellungsurkunde habe ich heute im Auftrage des Rechtsanwalts Klein, dahier, zum Zweck der Zustellung an den Kaufmann Friedrich Müller, da ich diesen in seiner Wohnung dahier nicht angetroffen habe, daselbst einem zur Familie gehörenden erwachsenen Hausgenossen, nämlich seiner Ehefrau, namens Agathe, geb. Kiefer, übergeben.«

Dank eines Kompromisses nähern sich
die beiden Parteien immer weiter an.

§ 5

DIE VERBESCHEIDUNG DES BÜRGERS

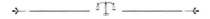

Fremdsprache Beamtendeutsch

Der *Homo Buerocraticus (erectus)*, auch Bürokrat oder Aktenmensch genannt, bevölkert die Schlaflabore deutscher Behörden und Ämter. In einem Halbschlaf dämmert er dem Vorruhestand entgegen. Ab und zu aber entäußert ein Beamter Lebenszeichen an die Außenwelt: Er erlässt einen Verwaltungsakt.

a) Definition des Beamtendeutschs

Beamtendeutsch ist eine sehr förmliche Ausdrucksweise, gekennzeichnet durch die Anhäufung von Hauptwörtern und die Substantivierung von Verben, nett verpackt in absatzlange Schachtelsätze. Der spezielle Papierwortschatz wird unter Vermeidung von Verben, dafür aber angereichert mit zahlreichen Mehrwortkomposita, wie beispielsweise *Leistungsnachweiserbringungspflicht,* und in eine verklausulierte Sprache verpackt.

> **Wichtigste Beamtenregel:**
> Drücke dich so aus, dass es kein Bürger versteht.

Definition Verwaltungsakt:
»Ein der öffentlichen Verwaltung zugehöriger obrigkeitlicher Bescheid, der dem demütigen Untertanen im Einzelfall bestimmt, was er zu tun und zu lassen hat.«

b) Grundwortschatz

Beamtendeutsch	Deutsch
Ableben einer Person	damit ist der Tod und nicht die Beschreibung als »abgelebt« (= verlebt) gemeint
Anliegen	die stets abzuweisenden Bitten der Bittsteller
Ausstrahlung	Regelung für die Versicherungszugehörigkeit bei Auslandstätigkeit im Sozialversicherungsrecht
Beantwortung	Antwort
Benehmen	»ins Benehmen setzen« bedeutet, sich mit jemandem verständigen
Biosensor	Diensthund
Diäten	finanzielle Entschädigung der Abgeordneten
Einbestellung	jemanden einbestellen statt »einladen«
Externer	Nichtschüler
Eisenbahninfrastrukturen	Gleise
Fahrtrichtungsanzeiger	Blinker
Flurbereinigung	hat nichts mit der Verpflichtung von Mietern zu tun, den Hausflur zu putzen
Forstwirtschaftliche Nutzfläche mit Wildtierbestand	Wald mit Tieren

Geräusch-Emissionen	Lärm
Lichtzeichensignalanlage	Ampel
Organleihe	hat nichts mit Transplantationen zu tun, sondern ist die Betrauung eines Organs einer nichtstaatlichen juristischen Person mit einer staatlichen Aufgabe
Rückbau des Hauses	Abriss
Straßenbegleitgrün	begrünter Mittelstreifen
Suspensiveffekt	beschreibt nicht die Wirkung eines Zäpfchens, sondern die aufschiebende Wirkung eines Rechtsmittels
Verböserung	Verschlechterungsverbot
Verlustig gegangen	verloren
Wohnsitzwechsel	Umzug
Widmung	ist statt freundschaftlicher Zuneigung ein Verwaltungsakt, durch den eine Verkehrsfläche der Öffentlichkeit zur allgemeinen Nutzung übergeben wird

c) Lang, länger, Mehrwortkomposita

Der staubgraue Buchstabenmensch liebt lange, zusammengesetzte Begriffe über alles. Versuchen Sie mal folgende Begriffe zu verstehen:

- Abstandsbaulastverschweigung
- Verunselbstständigkeitsanalyse
- Grunddienstbarkeitsablehnungserklärung
- Mehrarbeitsentschädigungszahlung
- Kostenzusageübernahmeerklärung
- Leistungsnachweiserbringungspflicht
- Waldrückumwandlungsgenehmigung
- Sammelnachweishaushaltsstelle

Denken Sie daran, der Klient hat
sehr feste Überzeugungen.

d) Sagen & meinen

Der Aktengeier sagt: Das haben wir schon immer so gemacht.
Und er meint: Es wird schon so lange so gemacht, dass niemand mehr weiß, warum eigentlich.
Der Aktengeier sagt: Das haben wir noch nie so gemacht.
Und er meint: Für Ihr Anliegen gibt es noch keinen Präzedenzfall, und es wird auch nie einen geben.
Der Aktengeier sagt: Da könnte ja jeder kommen!
Und er meint: Nach dem verfassungsrechtlich verankerten Gleichbehandlungsgrundsatz sind alle Bürger gleich schlecht zu behandeln.
Der Aktengeier sagt: Das ist gegen die Vorschriften.
Und er meint: Bürgeranliegen sind fast immer ungesetzlich, wussten Sie das nicht?
Der Aktengeier sagt: Das brauche ich schriftlich.
Und er meint: Mündlichen Unsinn kann man so schlecht im Papierkorb entsorgen.
Der Aktengeier sagt: Dafür bin ich nicht zuständig.
Und er meint: Die Frage »Wieso ich?« konnte erfolgreich verneint werden.
Der Aktengeier sagt: Ich werde auf den Vorgang zurückkommen.
Und er meint: ... allerdings erst am St.-Nimmerleinstag. Oder mein Nachfolger, sobald ich in den Ruhestand versetzt worden bin.
Der Aktengeier sagt: Das können Sie schwarz auf weiß nachlesen.
Und er meint: Studieren Sie erst mal zehn Semester Jura und kommen dann wieder.

e) Beispiele aus der Praxis

1. Der Wertsack

ist ein Beutel, der aufgrund seiner besonderen Verwendung nicht Wertbeutel, sondern Wertsack genannt wird, weil sein Inhalt aus mehreren Wertbeuteln besteht, die in dem Wertsack nicht verbeutelt, sondern versackt werden. Sollte es sich bei der Inhaltsfeststellung eines Wertsackes herausstellen, dass ein in einem Wertsack versackter Versackbeutel statt im Wertsack in einem der im Wertsack versackten Wertbeutel hätte versackt sein müssen, so ist die infrage kommende Versackstelle unverzüglich zu benachrichtigen.

(Dichtkunst der Post)

2. Einwendungen

Einwendungen gegen Entscheidungen in diesem Bescheid können nur durch Einspruch gegen diesen Bescheid geltend gemacht werden. Ein anderer Bescheid, dem die in diesem Bescheid getroffenen Entscheidungen zugrunde gelegt werden, kann nicht mit der Begründung angefochten werden, dass die in diesem Bescheid getroffenen Entscheidungen unzutreffend seien.

(Bescheid-Vordruck des Finanzamtes Charlottenburg-Ost)

§ 6

DAS SAGE ICH JETZT ZENTRIERT, FETT UND UNTERSTRICHEN

Anwalts-Fachchinesisch

a) Der Spezialist im Spalten fremder Haare

Rechtsanwälte sind Spezialisten im Spalten fremder Haare, wobei sie im Wesentlichen vom Unglück anderer Leute leben. Sie haben ihre schädlichen Sprachneigungen zum Beruf gemacht.

Angesichts der Juristenschwemme ist der Anwaltsberuf für die meisten eine Verlegenheitslösung. Der Anwaltsberuf ist das Gegenteil von *Berufung*, die der Jurist nur als Rechtsmittel kennt.

Nach mehreren Jahren eifrigen Streitens winkt die Beförderung zum *Fachanwalt*, zum Beispiel zum Fachanwalt für hohe Streitwerte. Der Fachanwalt unterscheidet sich vom Fachidioten dadurch, dass bei Letzterem meist überdurchschnittliche Kenntnisse auf seinem Fachgebiet zu erwarten sind.

Der Kunde der anwaltlichen Dienstleistung wird *Mandant* genannt bzw. die Mandantschaft.

> **Scherzfrage unter Anwälten:** Was ist ein Mandant?
> **Antwort:** Dumm und frech!
> Dumm, weil er viel Geld bezahlt, und frech, weil er dafür auch noch Erfolg, zumindest Leistung sehen will.

Bei der Erstberatung sind die beiden Lieblingswörter aller Anwälte zu beachten: **Lukrativ** und **Vorschuss**.

Der Anwalt fragt sich als Allererstes, ob das Mandat lukrativ, d. h. gewinnbringend, ist. Der Vorschuss ist dann die wichtigste Voraussetzung anwaltlicher Tätigkeit. Erst der Vorschuss bringt die anwaltliche Denkmaschine zum Laufen.

Erfreut vernimmt der Anwalt auch das Bestehen einer Rechtsschutzversicherung. Das ist so eine Art Sozialhilfekasse Not leidender Anwälte. Gerade bei aussichtslosen Fällen haben viele Mandanten Hemmungen, ihr eigenes Geld zu investieren und damit unwiederbringlich zu verlieren.

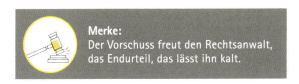

Merke:
Der Vorschuss freut den Rechtsanwalt, das Endurteil, das lässt ihn kalt.

Anwälte als professionelle Lügner nennen den Kernbereich ihrer Tätigkeit gern *Wahrheitsoptimierung*.

Anwaltliche Versicherung ist der Ersatz für fehlende Beweise oder Glaubhaftmachung. Der Anwalt glaubt, seine Ganovenehre würde ausreichen.

Der Rechtsanwalt bedient sich zur Vermeidung der Ich-Form gern des Wortes *Unterfertigter*. Das ist der, der unterschrieben hat. Klingt eigentlich noch zu wenig gestelzt. Eine Steigerung wäre der *Unterfertigthabende*.

> **Aus einem Schriftsatz:**
> »... wird beantragt, den Termin am 21. Juli 2017 zu verlegen, da Unterfertigter an diesem Tag nicht zur Verfügung steht, weil für Unterfertigten Terminsladung des LG Hamburg für diesen Termin schon vorliegt. Kollege des Unterfertigten befindet sich im Jahresurlaub.«

b) Rechtsverdreherkauderwelsch

Typisch für Anwaltsprech ist die häufige Verwendung von Kraftausdrücken. Das sind Formulierungen, die Selbstbewusstsein vortäuschen wollen und doch nur Unsicherheit übertünchen. Grundbaustein anwaltlicher Wortgewalt ist das Wort *zweifellos*. Mit ihm wird ausgedrückt, dass der Verfasser größte Bedenken vom Gericht befürchtet, diese aber selbst überwunden hat.

→ **Gebräuchlich ist auch:** ohne jeden Zweifel, was sich noch zu ohne jeden vernünftigen Zweifel steigern lässt.

→ **Diese lassen sich durch die Verwendung falscher Steigerungsformen noch verstärken:** einzigst, in keinster Weise, überoptimalst, mit äußerstem Nachdruck, auf das Schärfste.

→ **Hat der Anwalt ausnahmsweise mal gar keine Ahnung, sagt er schlicht:** »Das kommt ganz darauf an.«

Er sagt natürlich nie, worauf es genau ankommt.

c) Das kleine Latinum

Latein als Sprache der Edlen eignet sich hervorragend zum Eindruckschinden. Ein paar lateinische Wendungen geben dem inhaltlich substanzlosen anwaltlichen Vortrag den Anstrich der Gelehrsamkeit.

Latein	Deutsch
de facto	vermeintlich
dolos	Schmerztablette
ex tunc	sich trennen
expressis verbis	Übersetzungs-Schnellservice
falsa demonstratio non nocet	an Fastnacht wird nicht demonstriert
falsus procurator	falscher Staatsanwalt
in praxi	in der Arztpraxis
inter partes	Hochparterre
pacta sunt servanda	Pakete sind sauteuer

per se	Abkürzung von pervers
sui generis	sehr generös
iudex non calculat	Richter nehmen kein Calgon

Wie man schön viele lateinische Wendungen in ein Schriftstück einbaut, zeigt dieser Text:

»Der General-Bevollmächtigte werde ermächtigt, *Cautiones rati* zu bestellen oder … dagegen zu *excipiren*, die an ihn gerichteten *Citationen* jederzeit anzunehmen …, auf die Klagen sich einzulassen und zu antworten, auch den Krieg Rechtens *negatione* oder *affirmatione* zu befestigen …, ferner *litem* zu *reassumiren*, *Juramenta* zu *deferiren*, *referiren*, auch *acceptiren* …, *Dilationen* ohne Unterschied zu suchen …, Zeugen und Dokumente zu *produciren*, Urkunden sowohl als *vidimirte* und gemeine Abschriften von Originalien zu *recognosciren*, auch selbige *pro editis* und *recognitis* zu halten, desgleichen *Interrogatoria* zu stellen …, *Appellation* und das *remedium nullitatis* einzuwenden, gebührend zu *prosequiren*, *introduziren*, *justifiziren* und vollständig auszuführen, *Restitutionem in integrum* zu suchen, solchen *Remediis* hinwiederum zu *renunciiren*, die *acta priora* zu *submittiren*, um *Exekution*, *Immission*, *Taxation* und *Submission* gebührend anzuhalten, zu *licitiren* und um *Adjukation* zu bitten.«

Falls Sie den Text nicht verstanden haben: Es ist eine Generalvollmacht zum Nachweise des Empfangs einer Zahlung.

d) Liebesbriefe vom Anwalt

Schriftsatz ist die hochtrabende Bezeichnung für anwaltliche Briefe an das Gericht. Ein Anwalt verfasst keine Schreiben, sondern Schriftsätze. Unabdingbar ist eine pompöse Einleitung, die dem Empfänger klar macht: Hier kommt ein Anwaltsbrief.

»Aus gegebenem Anlass wird angezeigt, dass der Unterfertigte zur anwaltlichen Vertretung der Klägerin vollumfänglich mandatiert ist, die ordnungsgemäße Legitimation wird anwaltlich versichert. Namens und in Vollmacht der Klägerin wird sodann beantragt, wie folgt für rechtens zu erkennen ...«

Für den Beklagtenanwalt ist es unabdingbar, grundsätzlich alles zu *bestreiten*. Eine gängige Formulierung lautet:

»Der gesamte Vortrag des Klägers wird vollumfänglich bestritten, sofern er nachfolgend nicht ausdrücklich zugestanden wird.«

Dieser Satz zeigt dem Leser schon zu Beginn seiner Lektüre, dass der Verfasser sich über den eigenen Vortrag und die darin gesetzten rechtlichen Schwerpunkte unsicher ist.

Anwälte müssten eigentlich abgeklärte Zeitgenossen sein. Trotzdem gibt es kaum einen Schriftsatz, in dem sich ein Anwalt nicht *wundert*. »Es verwundert schon sehr«, ist eine beliebte Formulierung zur Deklassifizierung des gegnerischen Vortrags. Zur Effektsteigerung können die Worte *Befremden* und *Erstaunen* verwendet werden.

»Mein Mandant hat Ihren Schriftsatz mit ungläubigem Erstaunen, äußerstem Befremden und grenzenloser Verwunderung zur Kenntnis genommen.«

Wenn die Argumente der Gegenseite oder des Gerichts der eigenen Sache gefährlich werden können, gibt sich der Winkeladvokat gern begriffsstutzig. Er schreibt dann, dies und jenes *kann nicht nachvollzogen* werden.

Mit der Formulierung »muss an die *Wahrheitspflicht erinnert* werden«, drückt der Anwalt aus, dass die Gegenseite geschickter lügt als die eigene Mandantschaft.

»Seine Ausführungen gehen ins **Leere**« deutet an, dass sie im Hirn des Anwalts auf ein Vakuum treffen.

»Es kann *nicht ausgeschlossen* werden, dass« heißt im Strafprozess, es gibt eine gänzlich fernliegende Möglichkeit, dass der Angeklagte doch nicht der Täter ist. Zum Beispiel wenn er nach dem DNA-Test nur zu 99,9999% der Täter ist.

Mit der Bitte um *rechtsmittelfähige Entscheidung* sagt der Anwalt dem Richter: »Wag ja nicht, meinen Antrag abzuweisen, sonst hagelt es Beschwerden.«

Mit *rein vorsorglich* wird ein entscheidungserheblicher Vortrag angekündigt.

> **Beispiel:** »Rein vorsorglich trage ich vor, dass sich der geltend gemachte Kaufpreisanspruch aus dem Kaufvertrag der Parteien vom 27.01.2017 ergibt.«

Mit *Ausforschungsbeweis* wird der unzulässige Beweisantritt der Gegenseite für unsubstanziierte Behauptungen und Vermutungen, das dürfte auf alle Beweisantritte der Gegenseite zutreffen, gebrandmarkt.

Bestreiten ist die Antwort auf den gesamten gegnerischen Tatsachenvortrag. Wichtig ist, alles *vollumfänglich* zu bestreiten.

> **Beispiel:** »Es wird bestritten, dass der Kläger, sein Anwalt sowie der angerufene Paragrafentempel überhaupt existieren. Weiter wird bestritten ...«

Mit dem Adverb *hilfsweise* gibt der Anwalt zu erkennen, dass er selbst nicht an seinen Hauptvortrag glaubt. Dieser verheerende Effekt kann aber durch das Fremdwort *eventualiter* etwas abgemildert werden.

Sittenwidrig ist eine zusammenfassende Beschreibung des Verhaltens der Gegenseite.

Rein akademisch sind die praxisuntauglichen, von der Gegenseite angeführten Ansichten namhafter Professoren und des Bundesgerichtshofs.

Replizieren ist die besser klingende Bezeichnung für das Erwidern auf einen gegnerischen Schriftsatz.

voll- ist eine häufig gebrauchte Silbe zur Steigerung jedes beliebigen Adjektivs, wie zum Beispiel »vollumfänglich« »vollinhaltlich«, »vollgültig«. Sie ist eine unterbewusste

Kompensation des Verwenders dafür, dass er in den Examina kein »vollbefriedend« erreicht hat.

Fristablauf: Kein Laie kann die Bedeutung dieses Wortes für den Juristen auch nur annähernd ermessen. Wie der Tod dem Chirurgen, so blickt die Frist dem Schriftsatzbastler ständig bei der Arbeit über die Schulter und wartet auf Beute.

> **Aus einem Schriftsatz:**
> »Der diesseitige Unterfertigte wird sich mit Ihnen alsbald unter Verwendung von Telekommunikationseinrichtungen in Verbindung setzen, um die Angelegenheit im Rahmen einer zweiseitigen Echtzeitkommunikation mit Ihnen abzustimmen.«
> Er hätte auch schreiben können: »Ich rufe Sie an.«

e) Geglückte Niederlage

Die Hälfte der Zivilprozesse wird statistisch verloren, im Strafprozess beträgt die Freispruchquote magere 4%. »Anwalts Müh ist nie umsonst, aber oft vergebens«. Deshalb bedarf es eines gewissen argumentativen Aufwands, um den unzufriedenen Mandanten bei Laune zu halten. Schließlich soll er dem Anwalt für seine vergebliche Arbeit noch ein fürstliches Honorar zahlen.

Ich bin es nicht gewohnt,
so früh vor Gericht zu erscheinen.

Erringen: ein Prozesssieg fällt einem nicht in den Schoß, er will vielmehr hart erarbeitet, errungen werden. Falsch allerdings: »Wir haben eine Niederlage errungen«.

Hat ein Anwalt *Erfolg*, sagt er zum Mandanten: »Wir haben gewonnen.« Hat er keinen Erfolg, sagt er: »Sie haben verloren.« Ein guter Anwalt kann dem Mandanten auch einen verlorenen Prozess als Erfolg verkaufen:

»Seien Sie wegen des Lebenslänglich nicht traurig. Immerhin konnten wir die Verhängung einer Todesstrafe abwenden.«

Wenn die Sache fast ganz verloren wurde, bedient sich der Paragrafenmann eines Euphemismus. Er spricht von *Teilerfolg* statt vom Prozessverlust.

Justizirrtum ist eine beliebte Ausrede des Mandanten-Trösters bei einem verlorenen Prozess. Es ist schließlich allgemein bekannt, dass die Gerichte eine schwindelerregend hohe Fehlurteilsquote haben.

Abweisung der Klage ist aus Sicht des Klägervertreters stets bitterböses Unrecht, während die Abweisung der gegnerischen Klage wegen der fulminanten Erwiderung natürlich von Anfang an feststand.

Urteilsschelte ist die heftige Kritik an einer gerichtlichen Entscheidung. Sie kommt naturgemäß immer nur vom im Streit Unterlegenen. Der Gewinner lobt hingegen die *weise Entscheidung* des Gerichts.

Berufung ist ein Zaubermittel, mit dem sich das Anwaltshonorar gerade in hoffnungslosen Fällen verdoppeln lässt.

»Wir gehen bis nach *Karlsruhe*«, heißt für den Anwalt, die nächsten fünf bis sechs Jahre ist sein Auskommen gesichert.

»Wir gehen bis nach *Straßburg*« sichert die Rente.

§ 7
DIE GERICHTSSPRACHE IST JURISTENDEUTSCH

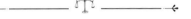

Wenn Richter nicht
verstanden werden wollen

a) Der Paragrafen-Tempel

Ein Rechtsbeugungszentrum ist eine Ansammlung von Richtern und Rechtspflegern in einem meist von Justitia geschmückten Gebäude. »Vor Gericht und auf hoher See ist man in Gottes Hand«, weiß der Volksmund. Gerichte sind deshalb die Albträume der Rechtsuchenden.

Auch die Justiz muss sparen. In vielen Gerichten sind die Putzfrauen entlassen worden. Man spricht deshalb von der *Unordentlichen Gerichtsbarkeit* in Abgrenzung zur Ordentlichen Gerichtsbarkeit.

Was ist ein Reichsgericht?

»Ein Reichsgericht ist eine Einrichtung, welche eine dem allgemeinen Verständnis entgegenkommen sollende, aber bisweilen durch sich nicht ganz vermeiden lassende, nicht ganz unbedeutende bzw. verhältnismäßig gewaltige Fehler im Satzbau auf der schiefen Ebene des durch verschnörkelte und ineinander geschachtelte Perioden ungenießbar gemachten Kanzleistils herabrollende Definition, welche eine das menschliche Sprachgefühl verletzende Wirkung zu erzeugen fähig ist, liefert.«

Aus Ludwig Reiners, Stilkunst

Justitia ist eine mit Waage und Schwert Blindekuh spielende Göttin der Gerechtigkeit. Kein Wunder, dass sie so oft danebenhaut.

Auch der *Richterhammer* ist dem Sparzwang geopfert worden. Nur noch in amerikanischen Filmen haben die Richter immer einen kleinen Holzhammer, mit dem sie auf ihr Pult schlagen und brüllen: »Ruhe, oder ich lasse den Saal räumen!«

Im Fernsehen hat der *Gerichtssaal* die Ausmaße einer Sporthalle und ist in edlem Mahagoniholz gehalten. Im wirklichen Leben ist er eher von der Größe und Ausstattung eines Klassenzimmers in der Schule.

Was nicht in den Akten steht, ist nicht in der Welt. Einzelschicksale interessieren den Juristen nur, wenn sie zwischen zwei Aktendeckel geklemmt sind, also *aktenkundig* sind.

Merke:
Gerichte sind Desillusionsanstalten der Rechtsprechung (Rudolf Rolfs).

b) Über Richter und Rechtspfleger

Richter fügen der Hälfte der Rechtsuchenden seit eh und je grobes Unrecht zu. Diese rechthaberischen Mumien fällen die Entscheidungen grundsätzlich immer rechtsirrtümlich zugunsten der Gegenseite. Im Strafverfahren tun sie sogar 96% der Angeklagten grobes Unrecht, nämlich immer dann, wenn sie nicht freisprechen.

Im Landgericht müssen die Richterzwerge wegen Platzmangels in kleinen Abstellkammern arbeiten. Es werden immer drei in einer *Kammer* untergebracht.

Zum Oberlandesgericht und Bundesgerichtshof werden nur hochbetagte Richter befördert. Drei bis fünf von ihnen werden in einem Altenkreis namens *Senat* zusammengefasst. Senat kommt von lat. *senium*, gleich Alter, und wird als Verkürzung von seniler Demenz verwendet. Der Vorsitzende heißt Senilokrat.

An jedem Gericht gibt es den *großen Kaffee-Senat*. Dort werden in gemütlicher Runde hinter verschlossener Tür bei einem koffeinhaltigen Heißgetränk und Plätzchen die eigentlichen Entscheidungen getroffen.

Berichterstatter ist bei Kammern und Senaten der für die Bearbeitung eines Falles zuständige Richter. Er ist der Einzige, der den Fall kennt und die ganze Arbeit macht. Moderiert wird die Gerichtsshow von einem *Vorsitzenden*. Seine Hauptaufgabe ist, auf die Einhaltung der Mittagspause zu achten. Die anderen auf der Richterbank nennen sich *Beischläfer*. Seinen Namen hat der Beischläfer von der oft eindrucksvollen Aufmerksamkeit, mit der er dem Gang der Verhandlung folgt. Er sitzt dabei und schläft durch.

**Dieser Fall verlangt eine schwierige Entscheidung …
Lassen wir eine Münze entscheiden!**

Die Justiz hat schnell erkannt, dass das geltende Recht ein Pflegefall ist. Es siecht dahin. Deshalb gibt es an jedem Gericht mindestens einen *Rechtspfleger*.

Der examinierte Krankenpfleger pflegt das Recht. Bislang leider erfolglos.

Querulant (von lateinisch *querulus – gern klagend*) bezeichnet einen Menschen, der das Gericht auf der verzweifelten Suche nach seinem vermeintlichen Recht täglich mit neuen Klagen und Eingaben aller Art zum Rotieren bringt. Meist schreibt er mit Kuli unleserlich auf kariertem Papier. Diese starrsinnigen Zeitgenossen sind nicht gerade beliebt, sorgen aber für eine ausreichende Justizauslastung.

Gutachter sind die heimlichen Richter. Die Vorsilbe »gut« wählt der Richter aus Eigennutz. Übernimmt er doch meist ungeprüft, was der Gutachter ihm vorgibt. Nur für die unterlegene Partei gibt es so etwas wie einen *Schlechtachter*.

Merke:
Richter sprechen Recht im Namen Volkes, das sie nicht versteht.

c) Richtervokabeln

→ **Richterliche Freiheit:** Recht, nur die absolut notwendige Arbeit zu leisten und nachmittags Golf zu spielen.

→ **Justizirrtum:** Gibt es nicht. Ein deutscher Richter irrt nie!

→ **Befangenheit:** Ein Befangenheitsantrag hat so gut wie nie Erfolg, wird vom Kuttinger aber als persönlicher Angriff aufgefasst. Ein erfolgloser Befangenheitsantrag garantiert anschließend Prozessverlust bzw. Höchststrafe.

→ **Gerechtigkeit:** Ein Fremdwort für Richter. »Bei uns bekommen Sie keine Gerechtigkeit, sondern ein Urteil«, sagen Richter manchmal halb scherzhaft.

→ **Gürteltier:** ist Juristenjargon für voluminöse Akten, die sich nur noch mit Spanngurten zusammenhalten lassen. Wenn ein Richter sagt. »Ich muss noch ein Gürteltier killen«, ist Mehrarbeit und nicht die vorsätzliche Tötung eines Wirbeltiers gemeint.

→ **besorgen:** Der Richter will nicht einkaufen gehen, sondern ausdrücken, dass etwas zu befürchten ist.

→ **seitens:** heißt vom Gericht. Denn viel gewichtiger klingt es doch, wenn etwas beschlossen oder für Recht erkannt wird »von Seiten des Gerichts«, »seitens des Gerichts«, »gerichtsseitig« oder »gerichtlicherseits«, Behauptungen aufgestellt werden »seitens des Klägers« oder »klägerischerseits«, Einreden erhoben werden »seitens des Beklagten« oder gar »beklagtischerseits«.

→ **Terminsanberaumung:** Ein Richter bestimmt nicht etwa einen Verhandlungstermin, sondern er »beraumt einen Termin an«.

Eine schlichte Terminbestimmung ist der Würde des Gerichts wohl nicht angemessen.

→ **Abschriften:** Früher wurden Kopien durch Abschreiben gefertigt. Das Abschreiben mit der Hand gilt heute selbst in der rückständigen Justiz als veraltet. Schon wurden in deutschen Gerichten die ersten Fotokopierer gesichtet. Nur der Begriff Abschrift hält sich unausrottbar.

→ **Gelagerte Fälle:** »In einfach gelagerten Fällen ...« heißt es im Richtersprech. Warum müssen Fälle erst gelagert werden? Um wie Wein zu reifen? Das würde immerhin die oft mehrjährige Verfahrensdauer erklären.

→ **anheimstellen:** Mit »Ich stelle insoweit anheim ...« meint der Richter: »Mir doch egal! Machen Sie, was sie wollen.«

→ **Sofort:** Den Begriff kennt das richterliche Faultier nur im Zusammenhang mit der sofortigen Beschwerde. Ansonsten übersetzt er Begriffe wie »Eilt«, »Eilt sehr« und »Sofort« mit vier, drei und zwei Monaten. Eilbedürftig ist allenfalls seine Versetzung in den einstweiligen Ruhestand.

→ **Mittlere Anmut:** Damit drückt der Richter aus, dass die Antragsgegnerin hässlich und der Antrag auf Härtefallscheidung begründet ist.

d) Das Gericht tagt

Alles, was man über Verhandlungen wissen muss, kann man bei den Wiederholungen von Barbara Salesch auf SAT.1 lernen.

> »Ein Prozess ist eine Maschinerie, die man als Schwein betritt und als Wurst verlässt.«
> Ambrose Bierce

1. Schlagkräftige Argumente

Es ist vollkommen normal, wenn Angeklagte und Zeugen sich anschreien, aufeinander losgehen und schwer verletzt abtransportiert werden müssen. Selbstjustiz ist eine gute Sache und dient nebenbei der Entlastung der Rechtspflege. Da hat auch der Richter nichts dagegen und wartet den Ausgang der Auseinandersetzung gelassen ab.

2. Bewegungsdrang bei Rechtsanwälten

Anwälte sollten ihren Bewegungsdrang ruhig ausleben und mit wehender Robe im Saal ständig auf und ab laufen dürfen. Insbesondere Plädoyers sollten immer mit einem bühnenreifen Auftritt verbunden werden. Theatralisches Auftreten kann über manch schwache Argumentation hinwegtäuschen.

Dritter Absatz, vorletzte Zeile … Was bedeutet dieses Wort?

3. Einspruch!

»Einspruch, Euer Ehren« ist der häufigste Satz in Gerichtskrimis. Zwar gibt es in deutschen Gerichtsverhandlungen keinen »Einspruch!«, es klingt aber einfach zu gut. Der Justizpinguin haut als Antwort mit dem Hammer auf den Tisch und brüllt »Abgewiesen!«, das absolute Lieblingswort aller Richter.

4. »Euer Ehren«

Die korrekte Anrede für Richter lautet »Euer Ehren«. Das gilt auch, wenn der Richter keine weiße Lockenperücke trägt. Alternativ kommt noch »Euer Gnaden« in Betracht. Bei Letzteren können Sie noch ein »hochwürdigste« einsetzen. »Euer hochwürdigste Gnaden, Hüter der Weisheit und der Gerechtigkeit« dürfte vor allem Amtsrichter erfreuen.

5. Überraschungszeuge

Bei unlösbar erscheinenden Fällen hilft nur noch der Überraschungszeuge.
Ein Zeuge, der zuvor still im Zuschauerraum gesessen hat, meldet sich zu Wort und – Bingo! – überraschende Wendung, und der Fall ist gelöst.

e) Der Richterwisch

1. Rubrum

lat., *das Gerötete*, früher wurde der Urteilskopf mit dem Blut der Verurteilten geschrieben. Nach Abschaffung der Todesstrafe ist das Rubrum heute schwarz.

2. Tenor

Bei der Urteilsverkündung ist die Entscheidung des Gerichts vom Richter singend darzubieten, bevorzugt in der höchsten männlichen Stimmlage, dem Tenor. Deshalb nennt man diesen Vorgang auch die Tenorierung.

3. Dahinstehen

Eine häufige Urteilsformulierung ist: »Es kann dahingestellt bleiben.« Wer hat es denn je dahin gestellt? Soll es dort stehen bleiben?

4. Kein rechtlicher Gesichtspunkt

Wenn der Richter schreibt, »die Klage ist *unter keinem rechtlichen Gesichtspunkt* begründet«, hat er überhaupt nichts ernsthaft geprüft.

5. Unbehelflich

»Unbehelflich ist der Hinweis des Klägers auf …«, damit sagt der Richter, dass dieser ganze Unsinn in der Sache nicht weiterhilft.

6. Schulmeistern

Gern werden unzutreffende Ansichten der Parteien im Urteil madig gemacht.

»Die Rechtsauffassung des Beklagten ist völlig abwegig und absurd.«

»Der Prozessbevollmächtigte verkennt/übersieht völlig, …«

»Zu Unrecht beruft sich der Beklagte auf …«

7. Verkannte Genies

»Der erkennende Senat verkennt nicht, dass …«
Eine Steigerung hiervon, die wir leider niemals lesen werden, lautet: »Der unerkannt geisteskranke erkennende Senat verkennt nicht, dass …«

8. obiter dictum

ist keine neue Raumfähre, sondern beiläufig geäußerte Rechtsansichten in einem Urteil. *Obiter dictum (nebenbei Gesagtes)* ist für die konkrete Entscheidung überflüssig, zeigt aber, was der Paragrafenklugscheißer sonst noch alles weiß. Besonders höhere Richter sind nicht ausgelastet, weshalb sie sich gern Abschweifungen in Dissertationslänge leisten.

Es sieht so aus, als ob Sie beide lügen würden.

Definition der Eisenbahn durch das Reichsgericht:

»Eine Eisenbahn ist ein Unternehmen, gerichtet auf wiederholte Fortbewegung von Personen oder Sachen über nicht ganz unbedeutende Raumstrecken auf metallener Grundlage, welche durch ihre Konsistenz, Konstruktion und Glätte den Transport großer Gewichtsmassen beziehungsweise die Erzielung einer verhältnismäßig bedeutenden Schnelligkeit der Transportbewegung zu ermöglichen bestimmt ist, und durch diese Eigenart in Verbindung mit den außerdem zur Erzeugung der Transportbewegung benutzten Naturkräften – Dampf, Elektrizität, tierischer oder menschlicher Muskeltätigkeit, bei geneigter Ebene der Bahn auch schon durch die eigene Schwere der Transportgefäße und deren Ladung usf. – bei dem Betriebe des Unternehmens auf derselben eine verhältnismäßige gewaltige, je nach den Umständen nur bezweckterweise nützliche oder auch Menschenleben vernichtende und menschliche Gesundheit verletzende Wirkung zu erzeugen fähig ist.«

(Urteil vom 17. März 1879; RGZ 1, S. 247, 252)

§ 8
EIN LIEBESBRIEF IN JURISTENDEUTSCH

Workshop Jurasprech

In diesem kleinen Workshop können auch Sie Jurasprech lernen. Wir nehmen einen profanen Alltagstext, hier einen Liebesbrief, und übersetzen ihn ins Juristendeutsch.

> *Liebe Susanne,*
>
> *nie habe ich jemanden so innig geliebt wie dich. Deine unvergleichlich blauen Augen und deine sinnlichen Lippen lassen mein Herz höherschlagen. Immer will ich dir gehören! Ich freue mich auf unser baldiges Wiedersehen.*
>
> *Dein Klaus*

→ **1. Schritt**

Die Empfängerin hält Sie nach diesem lapidaren Kurzbrief achselzuckend für intelligenzgemindert und unkreativ. Blähen Sie doch den Satz einfach mit ein paar **Hauptwörtern** auf.

> Liebe Susanne,
>
> *nie habe ich für jemanden eine so große Zuneigung empfunden wie für dich. Deine unvergleichlich blauen Augen und deine sinnlichen Lippen geben meinem Herzen Veranlassung zur Schnellerschlagung. Immer will ich dir mich als Besitz einräumen! Ich bin freudiger Erwartung auf unser baldiges Wiedersehen.*
>
> *Dein Klaus*

→ 2. Schritt

Viel besser und fast doppelt so lang. Die bisherige Fassung ist etwas distanzlos und zu flüssig geschrieben. Die anbiedernde Ich-Form ist genauso zu vermeiden wie das Aktiv. Beide Fehler zusammen ausgemerzt führen zu dem von Juristen bevorzugten unpersönlichen Stil des **Passivs**.

> *Hochverehrtes Fräulein Susanne,*
>
> *der Unterfertigte hat noch nie für jemanden eine so große Zuneigung empfunden wie für die Empfängerin. Die unvergleichlich blauen Augen und sinnlichen Lippen der Adressatin geben dem Herzen des Unterfertigten Veranlassung zur Schnellerschlagung. Der Unterfertigte ist gewillt, der Adressatin zeitlebens seine Person höchstselbst als Besitz einzuräumen! Derselbe ist freudiger Erwartung auf das baldige Wiedersehen beider Parteien.*
>
> *Auf Anordnung*
> *Schneider (JAng.)*

→ 3. Schritt

Bei der Empfängerin dürfte nun sinnliche Begierde erregt werden. Der Kanzleistil ist das reinste Aphrodisiakum. Als Nächstes sind Begriffe der Umgangssprache durch **Juristendeutsch** zu ersetzen.

Hochverehrtes Fräulein Susanne,

der Unterfertigte hat bislang noch keinen Präzedenzfall erlebt, in dem er für eine dritte Person weiblichen Geschlechts eine so große Affektion empfunden hat wie für die Empfängerin. Die vortrefflich blaufarbenen Sehorgane und die der geschlechtlichen Erregung dienenden äußeren Abschlussorgane des Mundraumes der Adressatin geben dem zentralen, muskulösen Pumporgan im Blutkreislauf des Unterfertigten Veranlassung zur Schnellerschlagung. Der Unterfertigte ist gewillt, der Adressatin bis zu seinem Ableben seine Person höchstselbst als Besitz einzuräumen! Derselbe ist nicht ohne Wohlgefallen in Erwartung auf das alsbaldige Zusammentreffen beider Parteien.

Auf Anordnung
Schneider (JAng.)

→ 4. Schritt

Das klingt schon besser, aber noch nicht gespreizt genug. Reichern Sie den Text noch mit **Eigenschaftswörtern** an.

Hochverehrtes Fräulein Susanne,

der hochachtungsvoll Unterfertigte hat in vorbezeichneter Angelegenheit bislang noch keinen entscheidenden Präzedenzfall erlebt, in dem er für eine dritte Person weiblichen Geschlechts eine nicht unerhebliche Affektion dieses Ausmaßes empfunden hat wie diesbezüglich für die geschätzte Empfängerin. Die vortrefflich blaufarbenen Sehorgane beziehungsweise die der geschlechtlichen Erregung dienenden äußeren Abschlussorgane des Mundraumes der Adressatin geben dem zentralen, muskulösen Pumporgan im Blutkreislauf des Unterfertigten Veranlassung zur erheblichen Schnellerschlagung. Der untertänige Unterfertigte ist gewillt, der hochverehrten Adressatin bis zu seinem Ableben den unmittelbaren Besitz an seiner Person höchstselbst einzuräumen! Derselbe ist nicht ohne Wohlgefallen in zuversichtlicher Erwartung auf das baldmöglichste erneute Zusammentreffen beider Parteien.

Auf Anordnung
Schneider (JAng.)

→ **5. Schritt**

Das ist schon fast perfektes Juristendeutsch. Jetzt muss das Ganze nur noch mit ein paar juristischen Floskeln und Phrasen gewürzt werden. Bauen Sie möglichst lange Sätze. Erst **Schachtelsätze** führen zu der angestrebten Unverständlichkeit juristischer Texte. Lieblingswort der Juristen bei der Nebensatzbildung ist »**dass**«.

Hochverehrtes Fräulein Susanne,

es kann davon ausgegangen werden, dass der hochachtungsvollst Unterfertigte in vorbezeichneter rubrizierter Angelegenheit bislang noch keinen entscheidenden Präzedenzfall erlebt hat, in dem er für eine dritte Person weiblichen Geschlechts eine nicht unerhebliche Affektion dieses Ausmaßes empfunden hat wie diesbezüglich für die geschätzte Empfängerin. Namens und in Vollmacht des Unterfertigten hat dieser mit Verwunderung zur Kenntnis genommen, dass die vortrefflich blaufarbenen Sehorgane beziehungsweise die der geschlechtlichen Erregung dienenden äußeren Abschlussorgane des Mundraumes der Adressatin dem zentralen, muskulösen Pumporgan im Blutkreislauf des Unterfertigten

Veranlassung zur erheblichen Schnellerschlagung geben. Der untertänige Unterfertigte ist unter den obwaltenden Umständen gewillt, der hochverehrten Adressatin bis zu seinem Ableben den unmittelbaren Besitz an seiner Person höchstselbst einzuräumen! Derselbe trägt sich vollumfänglich nicht ohne Wohlgefallen in zuversichtlicher Erwartung mit auf das baldmöglichste erneute Zusammentreffen beider Parteien gerichteten Absichten. Vorstehendes wird hiermit zur Kenntnis gebracht.

Auf Anordnung
Schneider (JAng.)

Möglichkeiten, wie man mit Konflikten umgehen kann

Merke: Wer Juristendeutsch nachmacht oder fälscht oder sich nachgemachtes oder verfälschtes verschafft und in Verkehr bringt, wird mit einem Deutschkurs nicht unter zwei Jahren bestraft.

Der Autor:

Falk van Helsing wurde in Hamburg geboren und beging zwei schwere Fehler: Erstens studierte er Jura. Zweitens wurde er Richter. Die hoffnungsvolle Karriere als Taxifahrer hat er achtlos beiseitegeschmissen. Eingestimmt auf seinen Beruf wurde er auf einem Seminar der Deutschen Richterakademie mit dem Titel »Juristendeutsch für Anfänger – unverständlich formulieren leicht gemacht«. Falk van Helsing ist natürlich ein Pseudonym. Der Autor möchte sich eine Rückkehr in einen anständigen Beruf, wie zum Beispiel Türsteher auf der Reeperbahn, nicht verbauen. Er lebt und arbeitet im anhaltinischen Outback.

© Karsten Bieling

128 Seiten
8,99 € (D) | 9,30 € (A)
ISBN 978-3-7423-0103-1

Falk van Helsing
Staranwalt in 7 Tagen
Eine Karriereanleitung

Es gibt über 160 000 zugelassene Anwälte in Deutschland, aber nur eine Handvoll schafft es zum Staranwalt, dem Ruhm, Reichtum und Ehre zuteilwerden. Was braucht es also, um als Jurastudent, Rechtsreferendar oder Anwalt, der bislang nur eine Kümmerkanzlei im Hinterzimmer betrieben hat, zu diesen auserwählten Halbgöttern zu gehören?
Dieser humorvolle Ratgeber verrät, wie man mit unkonventionellen Methoden und einer gehörigen Portion Selbstherrlichkeit in kürzester Zeit zum Staranwalt wird. Mit böser Zunge, ironisch und sarkastisch werden alle Tricks und Kniffe der Staranwälte beim Namen genannt. Was außer einem imposanten Briefbogen, einer Million Startkapital, dem Abwerfen von Werbebroschüren über Justizvollzugsanstalten und dem richtigen Umgang mit Journalisten noch zu beachten ist, findet sich in diesem wahrhaft ketzerischen Meisterwerk, das seinesgleichen sucht.

Wenn Sie **Interesse** an **unseren Büchern** haben,

z. B. als Geschenk für Ihre Kundenbindungsprojekte, fordern Sie unsere attraktiven Sonderkonditionen an.

Weitere Informationen erhalten Sie bei unserem Vertriebsteam unter +49 89 651285-154

oder schreiben Sie uns per E-Mail an:

vertrieb@rivaverlag.de